クリストフ・ブトン 文
ジョシェン・ギャルネール 絵
伏見　操 訳

時間ってなに？
流れるのは時？
それともわたしたち？

岩崎書店

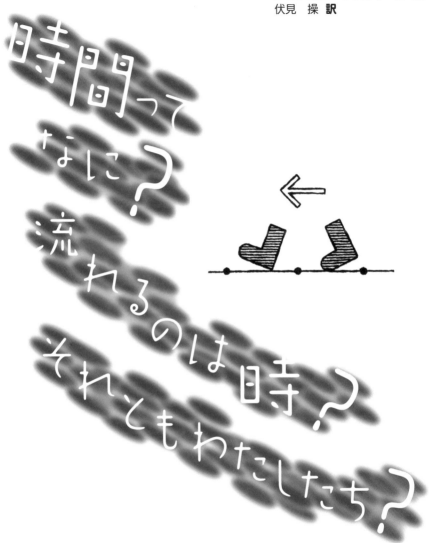

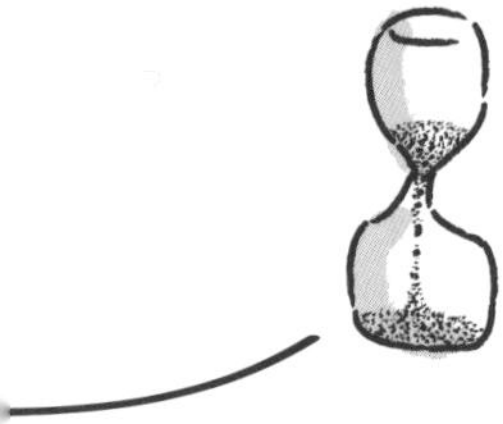

もくじ

Chouette penser ! : J'AI PAS LE TEMPS!

text by Christophe Bouton
illustrated by Jochen Gerner
Originally published in France under the title
Chouette penser ! : J'AI PAS LE TEMPS!
by Gallimard Jeunesse

Japanese translation rights arranged with Gallimard Jeunesse, Paris
through Motovun Co., Ltd., Tokyo
Japanese edition published
by IWASAKI Publishing Co., Ltd., Tokyo

Printed in Japan

時間ってなに？
流れるのは時？
それともわたしたち？

哲学

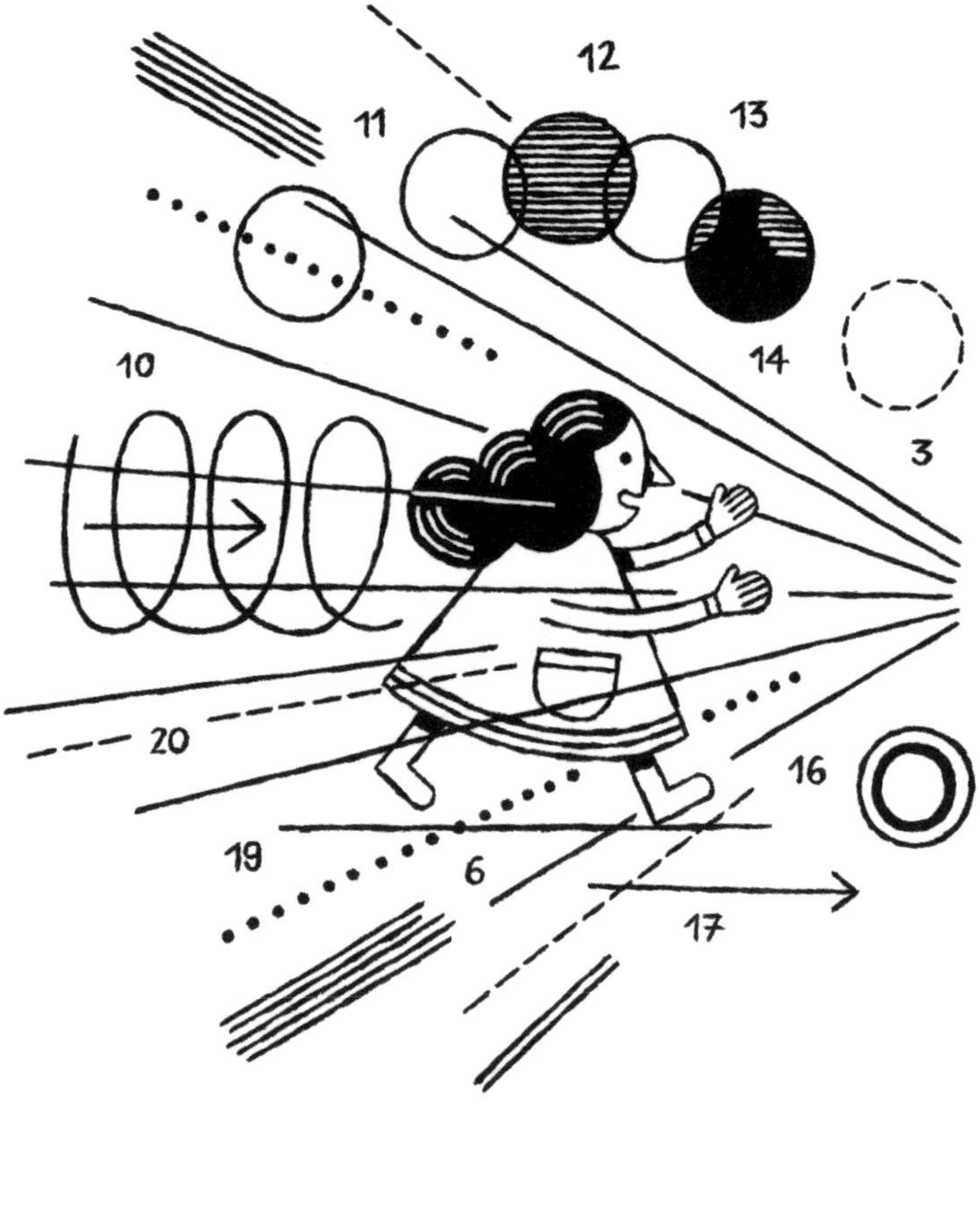
12
11
13
14
10
3
20
16
19
6
17

はじめに

1

「時間」は、いつもぼくらといっしょにいる。ぼくらにぴったりと寄《よ》りそい、一瞬《いっしゅん》もはなれることがない。そしてすること、話すことのすべてに深くかかわっている。ぼくらは現在《げんざい》のことについて話すだけでなく、もう過《す》ぎさった過去《かこ》や、まだ先の未来についても話す。昔の思い出を語ったり、時が経《た》つのがおそすぎるとか、はやすぎるとか、あまりに待ち時間が長いとか、もんくを言ったりする。一日に何度も時計を見て時間を確認《かくにん》する。ちこくしてはいけないと、子どものころから言われ、しょっ

ちゅう急いでいる。

日々、こんなにも深くかかわっている「時間」なのに、「時間って、いったい何？」と聞かれたら、ぼくらはみんな答えに困《こま》ってしまうだろう。

ためしにきみも、この問いについて考えてみてほしい。答えが見つからなくても、だいじょうぶ。だって、これまで偉大《いだい》な哲学者《てつがくしゃ》や物理学者たちが、この問いに挑《いど》んだけれど、だれも完璧《かんぺき》な答えを見つけられなかったのだから。

時は謎《なぞ》に満ち、その正体は、本当につかみにくい。

それは巨大《きょだい》なパズルに似《に》ている。ときどきパズルの

アウグスティヌス
（354年～430年）
古代キリスト教の神学者、哲学者《てつがくしゃ》、説教者。著書《ちょしょ》に、自らの半生を綴《つづ》った『告白』、キリスト教への批判《ひはん》に反論《はんろん》して著《あらわ》した神学書『神の国』などがある。
若《わか》いうちは快楽《かいらく》を求めて気ままに過《す》ごしていたが、友人の死などをきっかけにキリスト教に傾《かたむ》く。悩《なや》みの中で幻聴《げんちょう》のように聞こえた「（聖書《せいしょ》を）取りて読め」という子どもの声に促《うなが》され回心。信仰《しんこう》のない人間の意《い》志《し》の無力さを強調した。

時間とは何か。
もしそうたずねられなければ、
わたしは答えを知っている。
でも、ひとたびそうたずねられ、
答えようとすると、もうわからなくなる。

アウグスティヌス

ピースのように、答えのかけらをいくつか見つけたような気がすることもあるけれど、しばらくするとわすれてしまい、それらをどこにはめていいのかわからなくなって、また最初からやり直しになる。

　こうしてぼくらは、時間とは何か正確《せいかく》にはわからないまま、時間の中に生きている。でもべつにそれで問題はない。時計を使うのに、歯車のひとつひとつまで知らなくてもかまわないのといっしょだ。

　しかしながら、この「時間」という不思議なものは、ときにぼくらをおどろかせ、興味《きょうみ》をかきたて、それについてもっと知りたいという気持ちにさせる。それが何かということをきちん

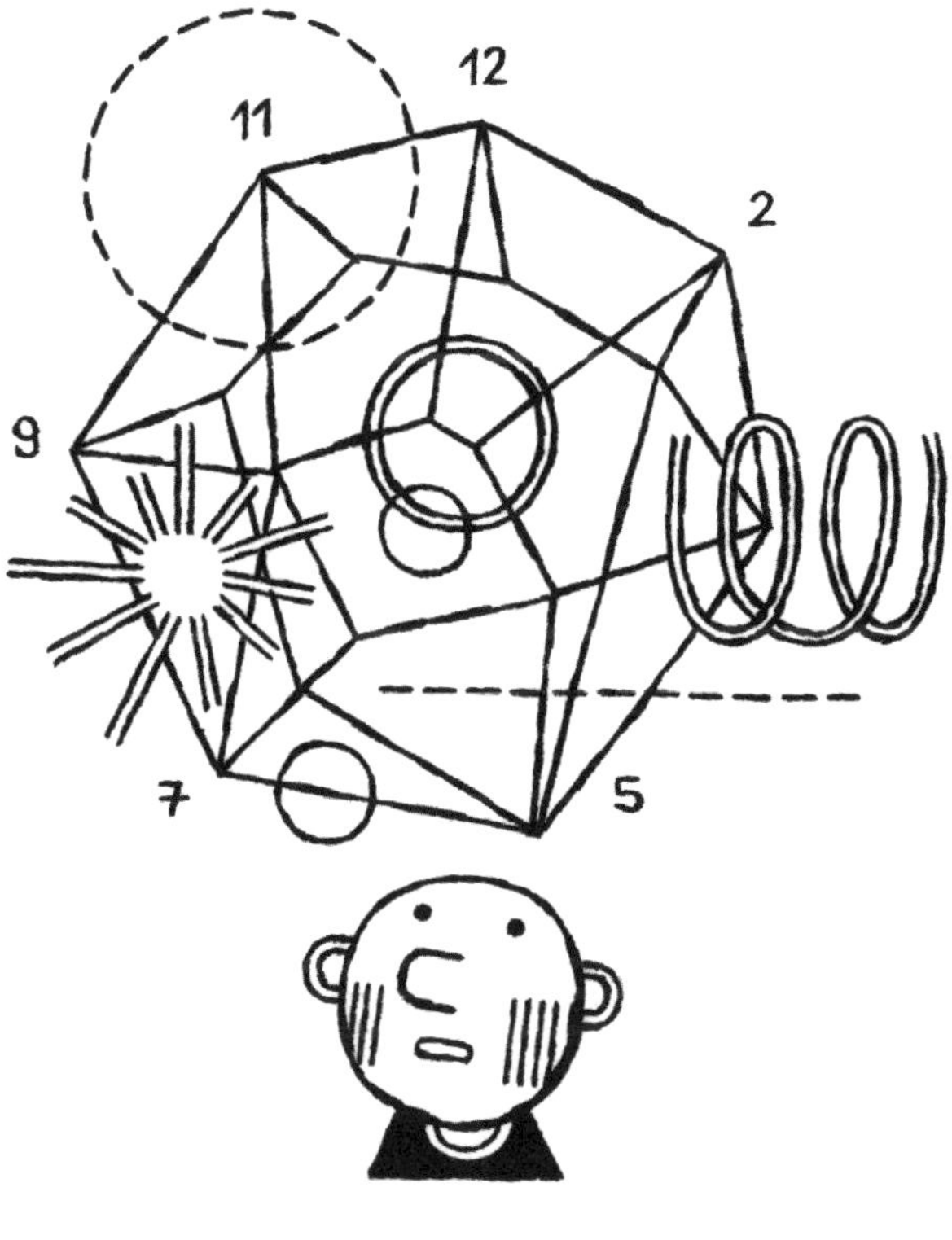
12
11
2
9
7
5

と知るのがむずかしければむずかしいほど、考えるかいがあるというもの。そこに哲学者《てつがくしゃ》は惹《ひ》きつけられる。

さあ、この「時間」という、謎《なぞ》に満ちたパズルについて、いっしょに考えてみよう。

時間ってなんだろう

2

さっきぼくは、「時間というもの」という言い方をしたけれど、じっさい、時間は「もの」ではない。この本やテーブル、石などのように、見たり、聞いたり、さわったり、感じたり、味わったりすることはできない。でも、時が流れているあいだに、何かを見たり、聞いたり、さわったり、感じたり、味わったりすることはできる。時間が流れる中で、大小さまざまなできごと――たとえば雨がふったり、車が通りすぎたり――が起こる。

時間とは、さまざまな変化が起こる、目に見えない入れ物だ。

時は動作にかかわるけれど、時と動作はイコールではないと、**アリストテレス**は言った。では、時間の流れをいちばんよく表す動作とは何だろうか。それはおそらく太陽の動きだ。太陽は朝、東からのぼり、空をゆっくりと移動《いどう》して、夜、西にしずむ。

このつねに変わることのない、規則《きそく》正しい太陽の動きのおかげで、人間は時を、一日、一時間と区切って、はかることができるようになった。太陽は一日に、目標となる点を刻《きざ》んでくれる。日の出は一日の始まり、太陽が空のいちばん高いところにあれば正午、日の入りは夜の始まりといったように。

太陽の動きのほかにも、ぼくらに時の流れを感じさせる動きや変化は、身のまわりにたくさんある。めぐる季節。秋、紅葉《こうよう》

アリストテレス
（紀元前384年ごろ～紀元前322年ごろ）
古代ギリシャの哲学者《てつがくしゃ》。ソクラテス、プラトンとともに、西洋最大の哲学者のひとりとされ、西洋思想のすべてに大きな影響《えいきょう》をあたえた。そのさまざまな分野にわたる自然研究の業績《ぎょうせき》から「万学の祖《そ》」ともよばれる。

した葉が散っていくこと。春、いっせいに花が開き、やがて枯《か》れていくこと。

人間にだって、時の流れによる変化はある。たとえばきみは子どもで、ぼくは大人。生まれてから死ぬまでのあいだ、時とともに、さまざまな時代が過《す》ぎていく。子ども時代、青春時代、中年期、老年期。

「まだ若《わか》いんだから！」とか「子どものうちにいろいろやっておかないと」などと、きみも言われたことがあるかもしれない。大人になるなんて、まだまだ先のことに思えるかもしれないけれど、子ども時代にもかならず終わりがくるのだ。

ものや人に起こる変化から感じるものを、「時の流れ」と言う。

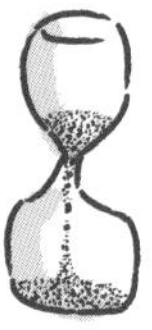

1
2
3
4

1
2
3
4

時は流れ、通りすぎていくもの。すべてはかならず過去《かこ》になり、現在《げんざい》からどんどん遠ざかっていく。

もしかしたらきみの家に、おじいさんやおばあさんの若《わか》いころの写真や、お父さんやお母さんが子どものころに使った古いおもちゃがあるかもしれない。これらは過去の時代やできごとを思い出させてくれるものであり、過《す》ぎ去った時間の証人《しょうにん》だ。

でもじつのところ、過ぎ去ったのは時間ではない。できごとやもののほうが、時間の中を流れて、去っていったのだ。

また時間とは、ものやできごとが「つづいていく」ことに、大いに関係している。あるひとつのできごとの「前」と「後」には、それぞれべつのできごとが存在《そんざい》する。たとえば今週の火

イマヌエル・カント
（1724年～1804年）
ドイツの哲学者《てつがくしゃ》。近代においてもっとも大きな影響《えいきょう》をあたえた哲学者のひとり。地理学、自然学、人間学にも深い知識《ちしき》をもっていた。毎日、きまった時間に散歩するので、街の人は彼《かれ》を見て、時計を合わせたという。

「時間」そのものが流れるのではない。
変化するさだめにある存在《そんざい》が、
時間の中を流れていくのだ。

カント

曜日は、月曜日の後で、水曜日の前にある。

　この「つづいていく」ことにより、時間はぼくらに、どこまでもつづくまっすぐな線のイメージをあたえる。世の中のあらゆるできごとが、この終わりのない線の上で起こっている。

　たとえばきみの一日だって、朝起きて、ごはんを食べて、歯をみがいて、学校へ行って……と、夜ねむるまでを一本の線の上でたどることができる。そうやってたどっていくと、「時」には、三つの種類があることに気づくだろう。今、この瞬間《しゅんかん》が現在《げんざい》。現在の前が過去《かこ》、現在の後が未来。

　時の流れにおいて、あるものごとはかならず何かの後と何かの前に位置し、さらに過去、現在、未来のどれかに属《ぞく》する。そ

して「何かの後で何かの前」という、ものごとが起こる順番は、けっして変わらないけれど、「現在《げんざい》、過去《かこ》、未来」は刻々《こくこく》と変化していく。

たとえばぼくの十歳《さい》の誕生日《たんじょうび》は、九歳の誕生日の後で、十一歳の誕生日の前。それは何があっても変わらない。ところが十歳の誕生日というのは、最初は未来のできごとで、わくわくしながら待ちわびていたものが、やがてその日をむかえ、ケーキに立てた十本のろうそくをふき消したところで現在になり、その後で過去になる。そして一日、一日とさらに現在から遠ざかっていく。

時間とは、目に見えない大きな入れ物で、その中で物事が絶《た》

え間《ま》なく変化する。時間には、「ものごとが起きる順番」と「現在《げんざい》、過去《かこ》、未来の区別」が存在《そんざい》する。

くわえて、人間にはどうにもできない、さまざまな縛《しば》りもある。たとえば、時を止めることはぜったいに不可能《ふかのう》だ。

ためしにひとつ、実験してみよう。今、きみが「今」と言ったとする。ところが、「今」と言ったとたん、その「今」はもう過去になっている。

「今」と言った瞬間《しゅんかん》に、今は今でなくなる。現在は現《あらわ》れるそばから、過去になっていく。「現在」は、つねにぼくらの手をするりとぬけて、逃《に》げていくのだ。時間とはけっしてつかまえることのできない、はかないもの。時間の中に現れたものは、す

べて過去《かこ》へと消えていくのだ。

さっききみが言った「今」という言葉は、すでに過去のものとなった。それは永遠《えいえん》に過去のままで、けっして現在《げんざい》に連れもどすことはできない。もう一度「今」と言うことはできるけれど、それはさっき言った「今」とはちがうもの。

ヘラクレイトスは言う。

「時とは川のようなもの。同じ川で泳いだとしても、その水はもう前と同じ水ではない」

今、この時は一度しかこない。なぜなら、今、この時は二度ともどってこないから。だれも過去を生き直せない。そして、さっききみが言った「今」という言葉を、言わなかったことに

ヘラクレイトス
（紀元前５４０年ごろ〜４８０年ごろ）
古代ギリシャの哲学者《てつがくしゃ》。この世のものはすべて絶《た》え間《ま》なく変化するという「万物流転の説」を唱えた。貴族《きぞく》出身だが政治《せいじ》の世界を捨《す》てたといわれる。著書《ちょしょ》は、現存《げんぞん》せず、文章の一部が今に伝わっている。「戦いは万物の父」「自然は隠《かく》れることを好む」といった謎《なぞ》めいたものが知られる。

はけっしてできない。それは神様だってできないことなのだ。

言ってしまったことは言ってしまったこと。それを後であやまったり、ゆるしてくれるようにたのんだりすることはできても、言ったことや、やったことを消しゴムで消すように、きれいさっぱり消すことはできないのだ。

時間をまきもどすことはできないし、過去《かこ》にもどってやり直すこともできない。時が二度ともどらない悲しみを、古くから多くの詩人がうたっている。

それにひきかえ、空間はもっとずっと自由で、どこでも好きな方向へ行くことができるし、来た道をもどることも、後ろむきに進むことも、ぐるりと円を描《えが》いて歩くこともできる。

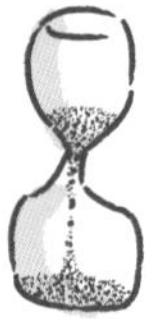

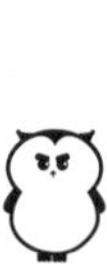

アガトン
（紀元前４４８年ごろ～紀元前４００年）
古代ギリシャの悲劇《ひげき》詩人。哲学者《てつがくしゃ》プラトンの友人。プラトンが著《あらわ》した対話篇《たいわへん》『饗《きょう》宴《えん》』に、洗練《せんれん》された美青年として登場する。当時、演《えん》劇《げき》は、ギリシャ神話を題材とすることがあたりまえであったが、彼《かれ》はオリジナルの人物や物語を創造《そうぞう》した。作品は、断片《だんぺん》しか残っていないが、革新者《かくしんしゃ》として名を残した。

神にもできないことがある。
それはしてしまったことを、
しなかったことにすること。

アガトン

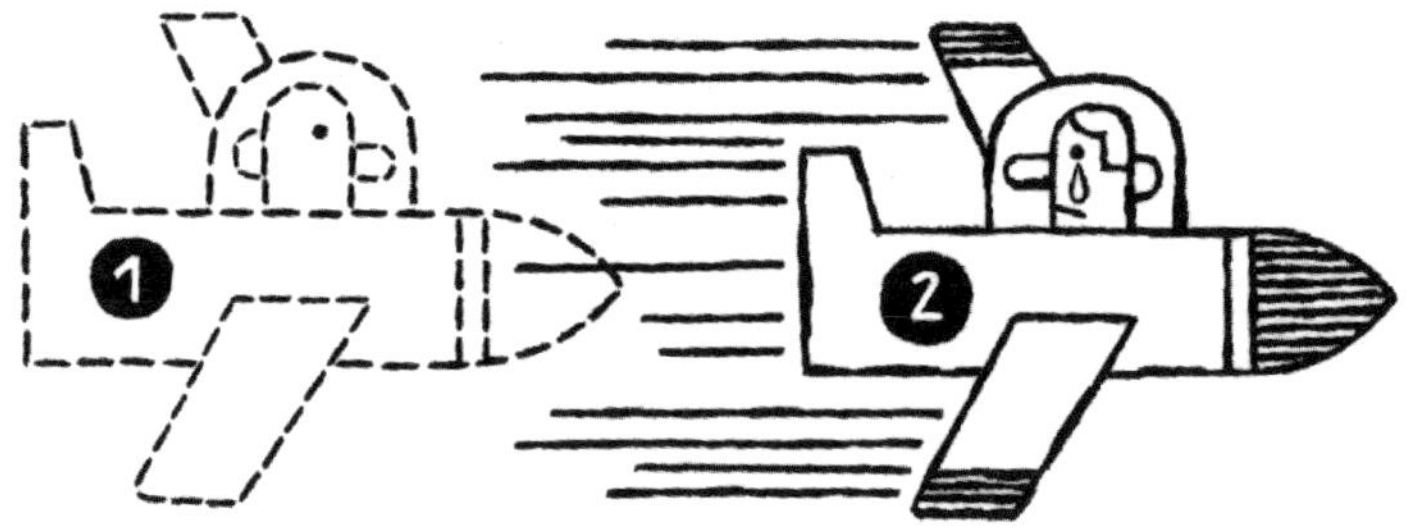

だが、時はちがう。ぼくらはみんな、現在《げんざい》にとじこめられ、過去《かこ》にも未来にも行くことはできない。

H《エイチ》・G《ジー》・ウエルズという作家は、1895年に『タイム・マシン』という小説を書いた。過去にさかのぼったり、未来をのぞけたりするタイム・マシンは、お話としてはおもしろいけれど、現実《げんじつ》には不可能《ふかのう》だ。

ぼくらが生きる「現在」は、時計やカレンダーのリズムで変化していく。ぼくがこの文章を書いているのは、2009年3月27日木曜日の朝

ハーバート・ジョージ・ウエルズ
（1866年〜1946年）
イギリスの小説家。『タイム・マシン』『宇宙《うちゅう》戦争』『透明人間《とうめいにんげん》』など多くの作品を残し、「SF《エスエフ》の父」とよばれる。

ギヨーム・アポリネール
（1880年〜1918年）
フランスの詩人・評論家《ひょうろんか》。父はイタリア人、母はポーランド人。キュビスム（フランスでおこった芸術《げいじゅつ》運動）の理論的指導者《りろんてきしどうしゃ》として、ピカソらとともに前衛芸術《ぜんえいげいじゅつ》運動を推進《すいしん》した。詩集に『アルコール』『カリグラム』、評論に『キュビスムの画家たち』などがある。

日々は過《す》ぎ、月日は流れる。
過ぎ去った時も
昔の愛も
二度ともどることはない。

アポリネール

の9時3分。だが、きみがこれを読んでいるのは、まちがいなく時間軸《じかんじく》の上でそれより後だ。

時はつねに進んでいく。ぼくらはそれを止められない。物理学者**エチエンヌ・クライン**は、時間を「車輪のついた牢獄《ろうごく》」と表現《ひょうげん》している。

エチエンヌ・クライン（1958年〜）

現在活躍《げんざいかつやく》中の、フランスの物理学者、哲学者《てつがくしゃ》。最先端《さいせんたん》の研究にかかわりながら、現代物理学の成果を一般《いっぱん》向けにやさしく紹介《しょうかい》しつづけている。「時間」は彼《かれ》のお気に入りのテーマのひとつ。絶《た》えず進んでおり、その外に出ることはできない、という意味で時間のことを「車輪のついた牢獄《ろうごく》」とよぶ。

今、何時？

「現在《げんざい》はつねにうつろい、変わっていくもの」「時間はけっしてもどせない」といった時間の決まりごとは本当にきびしくて、ぼくらはつねに目に見えない牢獄《ろうごく》にとじこめられているようなものだ。

でもきみは、もしかしたらまだ一度もそれを意識《いしき》したことがないかもしれない。なぜならぼくらは生まれたときから時間の中に生きていて、そういった縛《しば》りごとにすっかり慣《な》れてしまっているから。

3

それでも決められた時間、時間割《じかんわり》、時刻表《じこくひょう》などのせいで、苦労したことは何度もあるだろう。たとえば、朝昼晩《ばん》の食事の時間はほぼ決まっていて、「ごはんですよ！」とよばれたら、さっさと行かなくてはならないし、学校の始業時間は絶対《ぜったい》で、ちこくすればしかられる。電車には時刻表があり、それにおくれれば、電車はきみをおいて発車してしまう。

決められた時間は決められた時間。それより早すぎても、おそすぎてもだめ。ぴったりでなくてはならないのだ。

子どもたちは時計が読めるようになる前から、時間や時間表を守ることを教えられる。大人たちはどんな仕事についているかにかかわらず、しょっちゅう時計に目をやる。そしてやるこ

不思議の国のアリス
イギリスの作家ルイス・キャロルが書いた物語。1865年に刊行《かんこう》された。主人公アリスは、懐中《かいちゅう》時計を見て「ちこくする」と言いながら走り去る白いうさぎと出会う。

とが多すぎて、時間が足りず、いつも急いでいる。懐中時計《かいちゅうどけい》をのぞきこみ、「たいへん、ちこくしちゃう！」と言いながら走りまわっている、**『不思議の国のアリス』**の白いうさぎみたいに。

時計で時間をはかること自体は、悪いことではない。なぜなら時間は社会に必要なものだから。時間は社会でくらす人々に共通の枠組《わくぐ》みをあたえてくれる。もし時間割《じかんわり》がなかったら、先生はどうやって授業《じゅぎょう》をするのか。暦《こよみ》がなかったら、どうやって夏休

みの始まりと終わりを決められるのか。どうやってきみの誕生《たんじょう》日《び》がわかるのか。社会で共同生活を送るために必要だからこそ、どこまでもつづく長い線のような時間は、秒、分、時、日、週、月、年、世紀などの単位で区切られているのだ。

暦《こよみ》は時代や文化によってちがう。例えば現在《げんざい》、日本、ヨーロッパ、北米などで使われているのは、太陽暦《たいようれき》。太陽暦の一年は、地球が太陽のまわりを一周するのにかかる時間を基《もと》にしている。

太陽暦をもとにした西暦《せいれき》は、キリスト教と大きなかかわりがある。キリストが誕生した年を西暦元年として、たとえば西暦2010年はキリストが誕生してから2010年が経《た》ったことになる。それ以前のことは「紀元前」とされ、たとえば古代ギ

7月
1 2 3 4 5 6 7 8
9 10 11 12 13 14 15 16
17 18 19 20 21 22 23 24
25 26 27 28 29 30 31

リシャの哲学者《てつがくしゃ》アリストテレスが生まれたのは紀元前３８４年と表される。

さてそのアリストテレスは、長さ、高さ、大きさなど、空間にあるものをはかるには**原器**をつくってそれを使い、時をはかるには、毎日かならず同じように動くものを基準《きじゅん》にすればよいとした。

最初、人間は毎日、のぼってはしずむ太陽の動きを時間の基準にした。そして日の出から次の日の出までの時間を24で割《わ》ったものを「一時間」と決めた。

このつねに変わらない一定の動きを発見したおかげで、あとはさまざまな動きをそれと比較《ひかく》して、はかれるようになった。

原器
単位の基本標準《きほんひょうじゅん》としてつくられた器物。国際《こくさい》キログラム原器（1キログラムの質量《しつりょう》をもつと選定された標準分銅《ふんどう》）がある。

たとえばフランスのル・マン近郊《きんこう》でおこなわれる**ル・マン24時間耐久《たいきゅう》レース**は、ある日の日の出から翌日《よくじつ》の日の出までのあいだにおこなわれる。たいていの会社では、一日の労働時間は八時間。それは日の出から次の日の出までの長さの三分の一だ。つねに変わらない太陽の動きが時間の単位となり、それを基準《きじゅん》にして、世の中にあるものすべての動きがはかられる。

太陽は自然の時計だ。「一日」「一時間」という時間の単位をつくり、一日におけるさまざまな時間の目印になってくれる。だが、一秒、一分といった時間を正確《せいかく》にはかるには、そのための道具を発明する必要があった。古代の人々は、最初に日時計をつくった。地面に棒《ぼう》を立て、太陽が移動《いどう》するにつれて動く影《かげ》

ル・マン24時間耐久《たいきゅう》レース
フランス西部の都市、ル・マン近郊《きんこう》でおこなわれる自動車による耐久《たいきゅう》レース。24時間でサーキットを何周できるかを競う。

の様子で、時間をはかった。

また水時計もつくられた。それは砂時計《すなどけい》のような形をして、砂のかわりに水が流れ落ちるものや、器に水が流れこむようにして、その水面の高さの変化を見るものなどさまざまだ。いつごろ発明されたかは不明だが、紀元前16世紀ごろの古代エジプトで水時計が使われていたことが確認《かくにん》されている。

日時計は一時、二時、三時といった、一日のうちの時間を、水時計は比較的《ひかくてき》短い時間をはかるのに使われた。たとえば古代ギリシャでは、水時計で法廷《ほうてい》での演説《えんぜつ》時間をはかった。水時計のおかげで、ひとりひとりが同じ持ち時間で演説できる。水が全部なくなったところで演説をやめるのだ。

機械時計は、日時計や水時計よりずっと複雑《ふくざつ》なしくみでできているため、発明されたのは14世紀に入ってからだった。初期の時計はとても大きく、駅で見かける大時計のようなサイズだった。町の人みんなが見られるように、町の中心にある高い塔《とう》の上に時間を告げるための鐘《かね》といっしょにつけられた。以来、時計はどんどん小さく、精巧《せいこう》になっていき、ついにはポケットに入れたり、うでにつけたりできる大きさのものがつくられるようになった。

時計は大小にかかわらず、すべてつねに規則的《きそくてき》に、同じ速さで動くようにつくられている。長い針《はり》が一周すれば一時間。長い針が24周するのにかかる時間は、日の出から日の出までの時

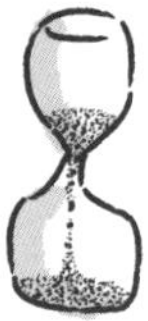

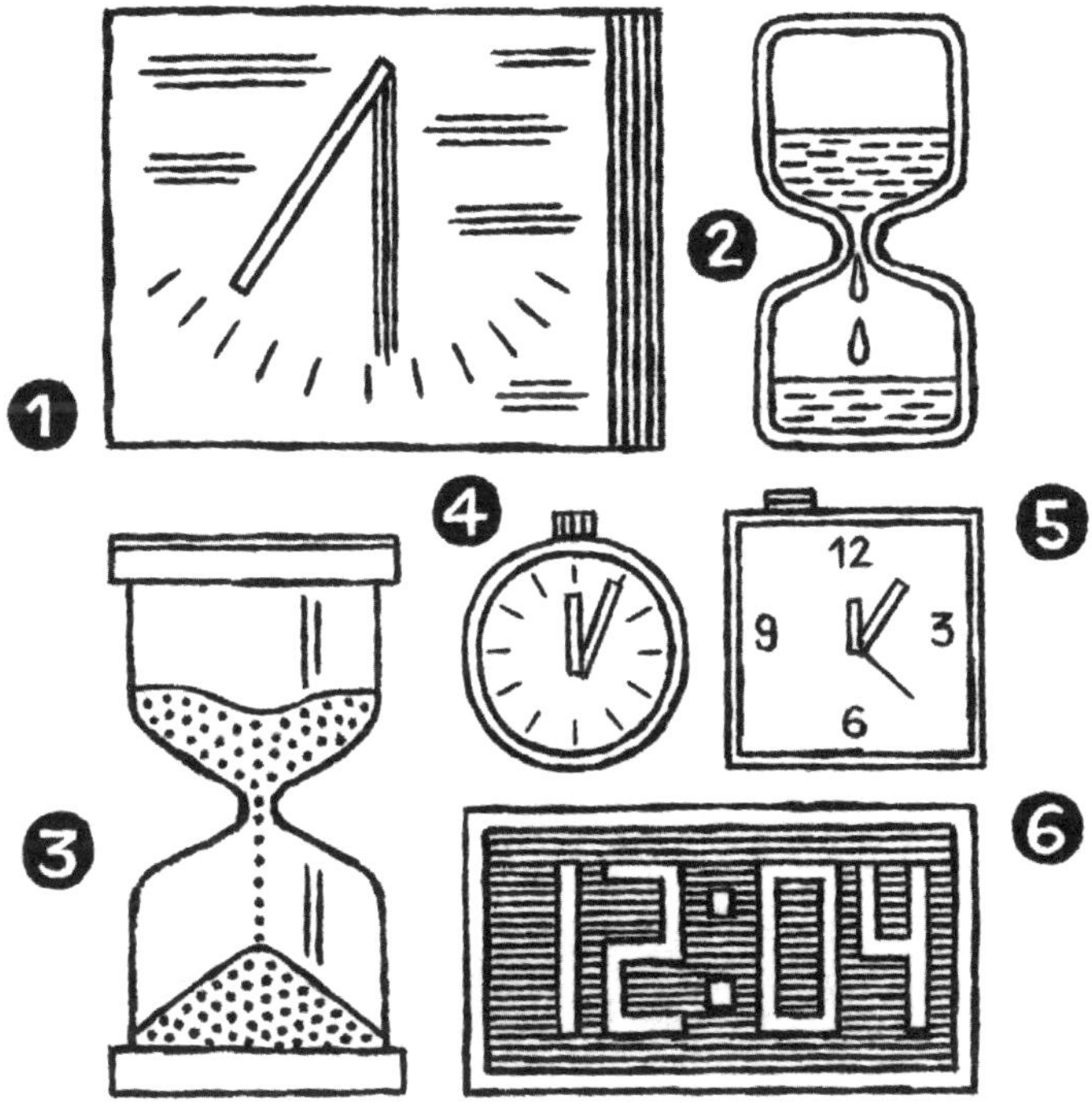
1
2
3
4
5
12
9
3
6
6
12:04

間といっしょ。
時計は多くの物理学者や科学者を惹《ひ》きつけた。そして自然の中にある、さまざまな動きの長さをはかり、計算したり法則《ほうそく》を見つけたりするのに、大変役立った。
ガリレオ以来、物理学者たちは自然を理解《りかい》するために、数学や形（丸、三角、四角などといった幾何学的《きかがくてき》な形）を使うようになった。ガリレオは自然を、数学という言語で記された本にたとえた。そうして時計は、自然を知るためになくてはならないものになったのだ。
アインシュタインは、あるできごとにおける時間をはかるには、そのできごとが起こる場所の近くに、時計をおかなくては

ガリレオ・ガリレイ
（1564年～1642年）
イタリアの物理学者。力学の諸法則《しょほうそく》の発見、太陽の黒点の発見など功績《こうせき》が多い。地球が太陽のまわりをまわっていると説く地動説を支持《しじ》した。天動説を支持する教会から命じられ撤回《てっかい》したが「それでも地球は回っている」と言ったと伝えられている。

ならないとした。

アインシュタインの唱えた相《そう》対性理論《たいせいりろん》によると、時の長さはそれをはかる人の動きによって変化する。時をはかっている人が速く進めば進むほど、時計の針《はり》はゆっくり進む。たとえばふたごの兄が宇宙船《うちゅうせん》で旅をしたとすると、彼《かれ》は地球に残ったふたごの弟よりも年をとるのがおそくなる。ただしそのちがいが目

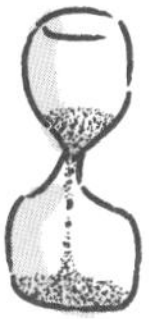

アルベルト・アインシュタイン（1879年～1955年）物理学者。ユダヤ系《けい》ドイツ人。ナチスに追われてアメリカに渡《わた》った。光量子説《こうりょうしせつ》や特殊相対性理論《とくしゅそうたいせいりろん》を最初に唱えた。1921年にノーベル賞を受賞している。

に見えてわかるためには、光の速さと同じくらいのものすごいスピードで旅をする必要がある。自動車に乗ったくらいでは、時間の流れがおそくなることはないのである。

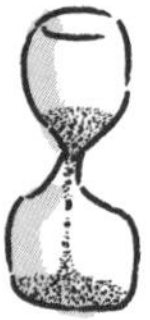

未来から現在《げんざい》を通り、過去《かこ》へ 4

さて、時間の単位や時計のおかげで、時間をはかることができたら、「時とは何か」という疑問《ぎもん》の答えがでるのだろうか。

残念ながら、なかなかそう簡単《かんたん》にはいかない。なぜなら時計はどれも同じ速さで進むけれど、人が感じる時間の速さは、その時の気分によってずいぶんちがってくるものだから。たいくつしているときは、時間が経《た》つのがひどくおそく、まるで止まっているかのように感じるが、楽しく遊んでいるときは、時間はとぶように過《す》ぎていく。

ためしにひとつ、実験してみよう。一分をはかってみるのだ。時計を見て、秒針《びょうしん》が12を過《す》ぎたところで目をとじる。そして一分が過ぎたと思ったところで目をあけてみよう。結果はどうだっただろうか。秒針が12ぴったりであることは、まずないだろう。そしてこの実験を何度かやると、そのたびに秒針の位置がちがうことに気づくだろう。

時計の時間と自分がじっさいに過ごした時間はちがう。では、自分がじっさいに過ごした時間とは何か。それを理解《りかい》するために、もう一度、「過去《かこ》、現在《げんざい》、未来」という、時間の三つの種類について考えてみよう。過去、現在、未来を、ぼくらはどのように生きているのだろうか。

マルセル・プルースト
（1871年～1922年）
フランスの作家。長編《ちょうへん》小説『失われた時を求めて』は二十世紀を代表する傑作《けっさく》のひとつ。少年時代の思い出をもとに、社交界とそこに生きる人々、そして記憶《きおく》と時間について描《えが》いた。この小説を書くために、彼《かれ》は壁《かべ》にコルクを張《は》って防音《ぼうおん》した部屋に、十五年間とじこもった。ときに一ページ以上、句点《くてん》なしでつづく独特《どくとく》の文体は、子どものころからわずらっていた喘息《ぜんそく》にも原因《げんいん》があるらしい。

一時間はただの一時間ではない。
それはさまざまな香《かお》り、
音、計画、気候が
いっぱいにつまった甕《かめ》だ。

マルセル・プルースト

未来とは、まだ存在《そんざい》していないすべてのもの。三種類の時間の中で、これをいちばん大切に思う哲学者《てつがくしゃ》も多い。なぜならぼくらは非常《ひじょう》によく未来のことを考えるから。ときどき考えすぎてしまうことさえある。現在《げんざい》を最大限《さいだいげん》に生きるかわりに、授業《じゅぎょう》のおわり、週末、今度の夏休み、クリスマスのプレゼントのことといった、先のことを考えてしまうのだ。

人は成長するにつれて、より多くの計画を立てるようになる。計画とは、未来においてやりたいと思っている行動のこと。それはたとえば、お母さんの誕生日《たんじょうび》にわたすプレゼントを買うことかもしれないし、将来《しょうらい》どんな職業《しょくぎょう》につきたいかということかもしれない。

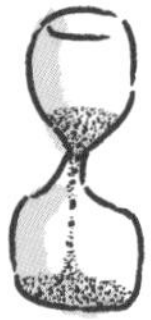

ブレーズ・パスカル
（1623年〜1662年）
フランスの哲学者《てつがくしゃ》、数学者、物理学者、宗教《しゅうきょう》学者。とくに数学にかんして早熟《そうじゅく》の天才で、十代で計算機を設計《せっけい》。乗合馬車（バスの原型）も考案した。死後出版《しゅっぱん》された『パンセ』のなかで、「人間は考える葦《あし》である」という言葉を残している。

自分が何を考えているか、ふりかえってみてほしい。
きっと過去《かこ》や未来のことばかり考えているはずだ。
わたしたちは「現在《げんざい》」のことをほとんど考えない。
考えるとしても、それはこの先、
未来をどうするかについての手がかりがほしい場合だけ。
現在は、わたしたちの目的ではない。
過去と現在はいつも手段《しゅだん》にすぎず、
未来だけがわたしたちの目指す目的なのだ。

パスカル

人間はだいたい先のことを考えている。**ハイデガー**が「人間とは、自分の外に出ていくものだ」と述《の》べたのはそのためだ。ぼくらは現在《げんざい》の自分から出て未来にむかっている。現在に生きつつも、未来のことを考えるのだ。では、ぼくらと未来との関係は、いったいどのようなものなのか。

　ぼくらは未来にすることを考え、さまざまな計画を立てる。ところがそれを実現《じつげん》するには、かならず待たなくてはならない。たとえば電車に乗れば、目的地に着くまで待たなくてはいけない。コーヒーに砂糖《さとう》を入れれば、砂糖が溶《と》けるまで待たなくてはいけない。どんなに待つのがきらいでも、それはさけられない。なぜなら未来はまだ存在《そんざい》していない、先のことだから。未

マルティン・ハイデガー（1889年〜1976年）ドイツの哲学者《てつがくしゃ》。「存在《そんざい》するということ（ある）」というのはどういうことかを一生涯《いっしょうがい》考えつづけた。初期の著作《ちょさく》『存在と時間』では、我々《われわれ》自身のあり方を問い直す中で、人間は今ここに閉《と》じたものとしてあるのではなく、いつも外の世界や先の将来《しょうらい》にかかわりながら存在しているのだと強調した。

06.00
10.00
08.00
15.00
14.00
17.00

来は現在《げんざい》ではなく、それが現在になるまでに時間がかかるのだ。

待つのはたいくつで、いやなもの。ぼくらは望みが今すぐかなうことを願うけれど、時間はぼくらに辛抱《しんぼう》することを教えてくれる。「待てば海路《かいろ》の日和《ひより》あり」ということわざがあるけれど、それは「あせらずにじっくりと待っていれば、やがてよい機会がめぐってくる」という意味だ。

未来はさまざまな計画に満ちていて、かならず待たねばならないもの。そして、希望と不安がたっぷりつまっている。

それにくらべて現在は、今、目の前にあり、ぼくらにとっては明らかなものだ。過去《かこ》もそうだ。なぜなら過去はかつての現在であり、人の記憶《きおく》や書類の中にそのあとをとどめているから。

未来が、現在《げんざい》や過去《かこ》とちがうのは、それが未知であるということ。未来とはこれから起こることだ。ぼくらは望みがかなうのではないかと希望を抱《いだ》き、それと同時に不安も感じる。未来にたしかなものは何もないのだ。未来は良くも悪くも、しばしばぼくらをおどろかせる。まったく新しいことや想像《そうぞう》もつかないことが起こることもある。

「起こることもある」と書いたのは、人間は未来を予測《よそく》する方法を、すでにいくつも発明しているからだ。たとえば天文学のおかげで、ぼくらはつぎに日食が起きる日時を正確《せいかく》に知ることができる。天気予報《よほう》は来週の天気や気温を教えてくれる。だがそれにしても、完璧《かんぺき》とは言えない。天気を予報できるのはせいぜい四、五日先までだし、当たらないこともある。
仮《かり》に今日の日暮《ひぐ》れという、未来のことを考えたとする。その未来は刻々《こくこく》と近づいてきて、やがて現在《げんざい》になり、それから過去《かこ》になる。

現在とは、今、この瞬間《しゅんかん》にあるすべてのもの。現在に起こっていることの中で、永遠《えいえん》に変わらないものはひとつもない。なぜなら何事も起こった瞬間にすぐ過去になるから。さっき「今」と言うそばから、それが過去になっていったように。

現在において起こっているできごとは、はやく過《す》ぎると感じることもあれば、おそく過ぎると感じることもある。ひどくたいくつしているとき、ぼくらは時間が経《た》つのがおそく感じる。

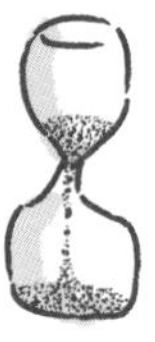

アンリ・ベルクソン
（1859年〜1941年）
フランスの哲学者《てつがくしゃ》。ユダヤ人の父をもつ。時間と自由との関係を論《ろん》じ、また科学的認識《にんしき》におさまらない生命のリアリティを「直観」することを説く。1927年にノーベル文学賞を受賞。ナチス占領下《せんりょうか》のパリで死去した。

時間が存在《そんざい》することの意味は、
時間の経過《けいか》の中にこそ、
まったく新しいものが発明され、
新しい形が創造《そうぞう》されること。
つまり新しいものが
次々と生みだされてくるということなのだ。

アンリ・ベルクソン

たとえばむずかしい授業《じゅぎょう》をうけたり、つまらない映画《えいが》を見たりしていると、ぜんぜん興味《きょうみ》がわかないので、時間は止まっているのかと思うほどゆっくりと過《す》ぎていく。逆《ぎゃく》に幸せでたまらなくて時間を止めたくなるような時は、またたく間に過ぎていく。

　どんなできごともいつかかならず過去《かこ》になる。過去とは、過ぎ去ったすべてのもの。それは何とも不思議なものだ。過去はもうここには存在《そんざい》せず、消えてしまったのに、過去に起こったことをきれいさっぱり消し去って、なしにすることはできないから、やっぱり存在していることになる。

　過去は取りもどせない。やり直すことも、変えることもできない。たとえば大切なだれかを失い、もう二度と会えないよう

ポール・リクール
（1913年〜2005年）
フランスの哲学者《てつがくしゃ》。第二次世界大戦の際は動員され捕《ほ》虜《りょ》となり、ポーランドの捕虜収容所《しゅうようじょ》ですごした。流れる時間の中で、「自分」が成り立つには、言葉（物語）が重要になると述《の》べる。著《ちょ》書《しょ》に『時間と物語』、『他者のような自己《じこ》自身』などがある。

語られたときに、
時間は人間の時間となる。

ポール・リクール

なときに、この事実を受け入れるのは本当につらい。

人にはそれぞれ、さまざまな計画や期待に満ちた未来と同時に、これまでその人が経験《けいけん》したことすべてがつまった過去《かこ》がある。そして過去には、家族や祖先《そせん》の歴史もふくまれる。語られることや記憶《きおく》をとおして、ぼくらは過去とつながることができる。

ぼくらは自分の経験したことを、周囲の近しい人たちに語る。両親や祖父母《そふぼ》は、自分たちのルーツである家族の過去について、いろんな話をしてくれる。学校では、国や世界の歴史を学ぶ。そういった話のひとつひとつのおかげで、ぼくらは自分が生まれる前に起こった古いできごとや大切な過去を知ることができるのだ。

ぼくだけの時間

5

未来は予想不可能《ふかのう》。現在《げんざい》はうつろいやすい。過去《かこ》は変えられない。時刻表《じこくひょう》や時間割《じかんわり》は守らなくてはならないし、ちこくはだめ。こんな縛《しば》りや規則《きそく》の話ばかりでは、きみは時間に対して悪いイメージをもってしまうかもしれない。

でもさらによく考えてみれば、時間はきみの忠実《ちゅうじつ》な友人にも、生きていくための大切な助っ人にもなってくれる。

たしかに時間割のたぐいは、ぼくらにたくさんの制限《せいげん》をあたえるものだけれど、そのおかげで時間の枠組《わくぐ》みを多くの人と共有し、スケジュールを立てて、時間を有効《ゆうこう》に使うことができる。手帳に予定の日にちや時間を書きこむことで、未来の計画が実行しやすくなる。

では次に、過去《かこ》について考えてみよう。記憶《きおく》のおかげで、ぼくらはたくさんの思い出をもつことができる。記憶とは、過去を現在《げんざい》の中に生かしてくれるもの。記憶のおかげで、時は「車輪のついた牢獄《ろうごく》」から美しい宮殿《きゅうでん》に変わる。ぼくらはそこを自由に散歩できる。広々とした宮殿にある部屋のひとつひとつが、ぼくらの人生の、ある時期にあたり、中には大切な宝物《たからもの》がつまった箱がいくつ

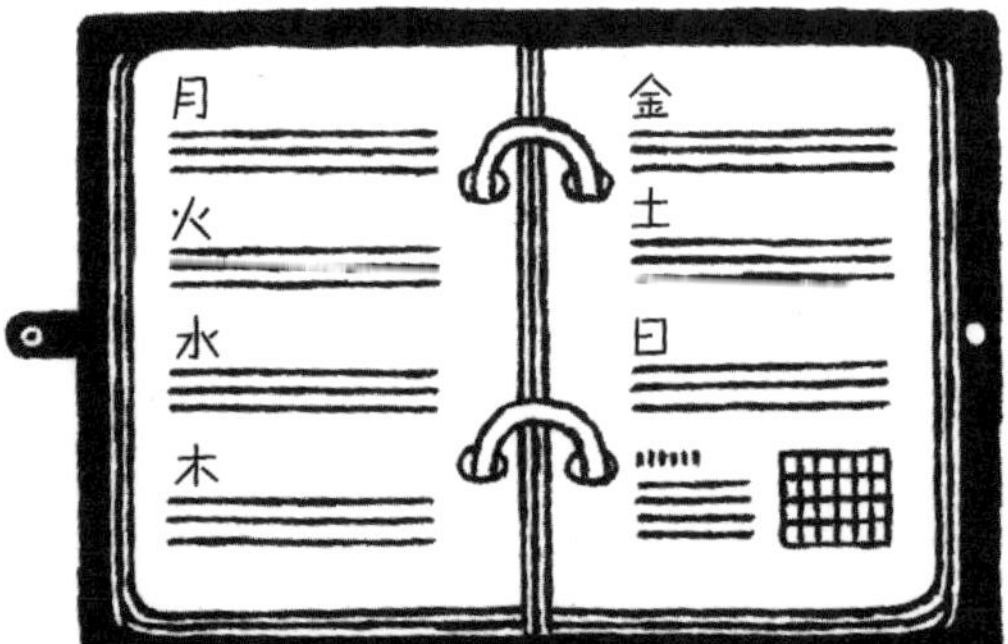

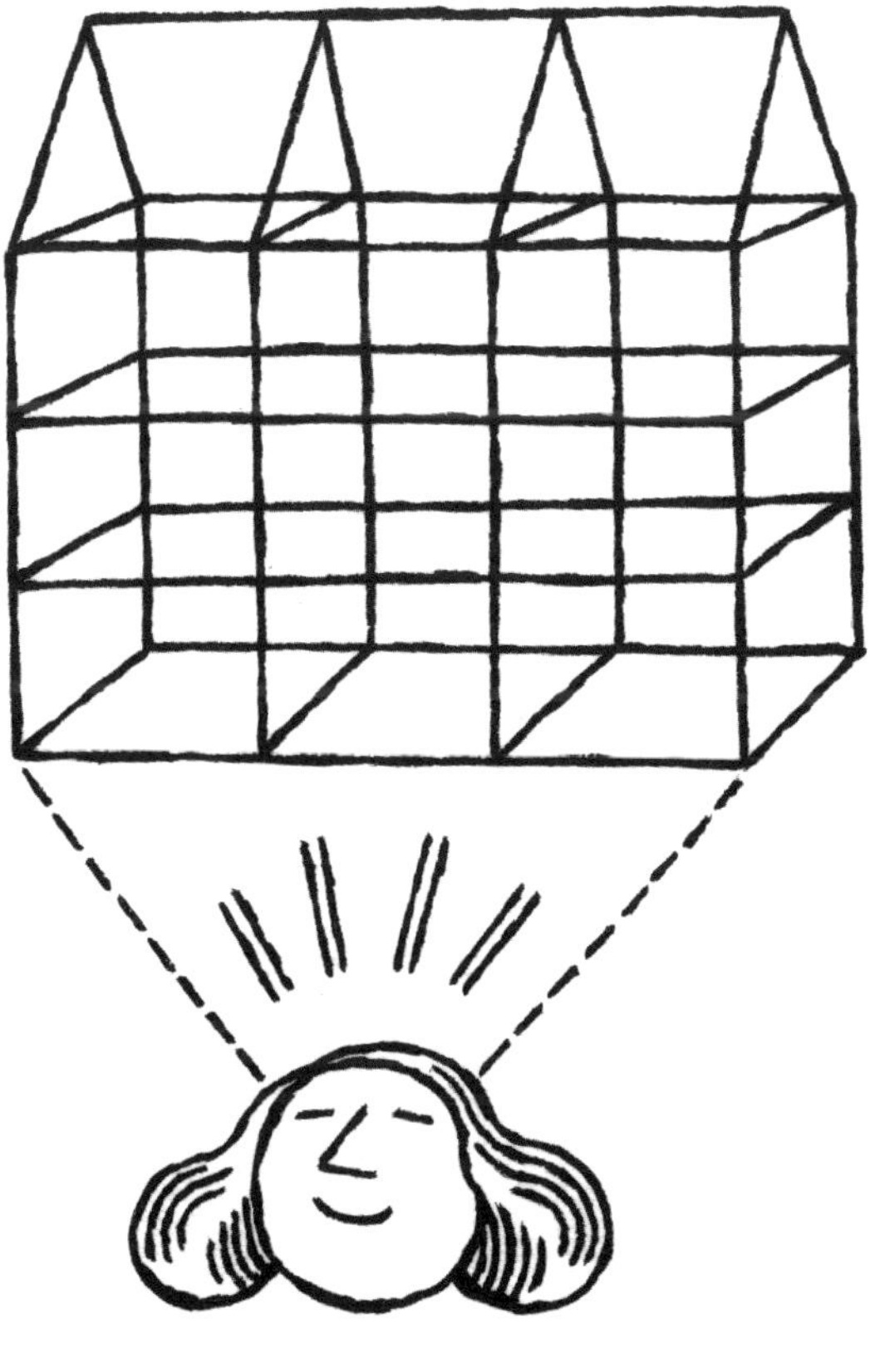

もある。うれしかったこと、幸せだったこと、笑い、心を動かされたこと、愛、友情《ゆうじょう》、緑の草原を散歩したこと、釣《つ》り、夏の海で泳いだこと、浜辺《はまべ》でつくった砂《すな》の城《しろ》、わすれられない人々、小学校一年生の時の先生、初めてのキス……。

きみの中に、こんな宝物《たからもの》をさがしてみよう。それは心の奥底《おくそこ》に、大切にしまわれているだろう。子どものころ大好きだったおもちゃやぬいぐるみは、こわれたり、いつのまにかなくしてしまったりするかもしれない。写真や動画にとっておいたとしても、傷《いた》んだり、どこかに消えてしまったりすることもあるだろう。でも、きみの心の中にある思い出のつまった宝箱《たからばこ》は、だれにも奪《うば》えない。なぜならそれは過去《かこ》に守られ、きみの記憶《きおく》の

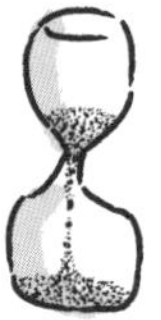

宮殿《きゅうでん》にかくされているから。悲しい時や辛《つら》い時、ぼくらはこの宮殿を訪《おとず》れる。またはある音、におい、イメージなどが、すっかりわすれていた過去《かこ》への扉《とびら》を思いがけず開け放つこともある。記憶《きおく》の中にある過去は、きみだけのもの。この世にたったひとつだけのものなのだ。

ところが、「今、この時」である現在《げんざい》を、きみだけのものにするのはそう簡単《かんたん》ではない。ぼくらはしばしば行動を強制《きょうせい》されることがある。それはきみもきっと覚えがあるだろう。たとえば、毎日決まった時間に学校へ行き、授業《じゅぎょう》をうけなければならない。でも同時にぼくらは、授業でとても興味《きょうみ》のあることを習うことも多い。そういう場合、先生の話をおもしろいと思って聞いているその時間は、かりにそれが強制《きょうせい》されたものであったとしても、「きみのための時間」になる。

「でも、それってぼくがえらんだわけじゃないよ！」ときみは反論《はんろん》するかもしれない。たしかにそのとおりだ。もし「自由」が、「好きなものをえらべること」であるとするならば、きみはおそらく学校の授業《じゅぎょう》より、自由に遊べる時間をえらぶだろう。

一日のうちには、夢《ゆめ》見たり、想像力《そうぞうりょく》をはたらかせたりなど、のんびり好きなことができる自由な時間がある。それ以外にも、働く時間、遊びの時間、勉強する時間、楽しむ時間など、いろんな種類の時間が存在《そんざい》する。

でも、これらの時間がまじりあうこともある。たとえば遊び

ながら勉強することも、勉強しながら遊ぶこともできる。とはいえ、たいがいの場合、ひとつの時間の後にべつの時間がやってくる。

週末やお休みのあいだは、決まった時間割《じかんわり》がなく、自由にスケジュールを決められることが多い。遊びの予定もたっぷり入れられる。

遊んでいるとき、ぼくらは全身で、今に集中している。過去《かこ》でも未来でもなく、現在《げんざい》に没頭《ぼっとう》しているのだ。遊んだり、楽しんだりすることは、現在を再発見《さいはっけん》することでもある。

ところが楽しく遊んでいても、やがて飽《あ》きてしまうことがある。いくらお気に入りのパズルでも何度もやれば飽きるし、い

時間とは、
サイコロであそぶ
子どものようなものだ。

ヘラクレイトス

くらサッカーが好きでも何時間もぶっとおしでやることはできない。でも、飽《あ》きるのを恐《おそ》れることはない。それはひと休みするべき時間がきたということなのだ。

またそれは同時に、夢中《むちゅう》になっていたことからふと我《われ》にかえり、自分を見つめる時がきたということ。視点《してん》を外の世界から自分の中に移《うつ》す時だ。そんな時こそ、「考える」ことをしてみよう。

ぽっかり空いたそんな時間にこそ、じっくり考えをめぐらしてみるといい。それは目にも見えず、音もしない、心の活動。**プラトン**が言うように、自分との対話だ。哲学者《てつがくしゃ》のいう「考えること」とは、じつはそんな特別にむずかしいことではないのだ。

プラトン
（紀元前４２７年ごろ〜紀元前３４８年ごろ）
師《し》ソクラテス、弟子《でし》アリストテレスとならび、古代ギリシャの偉大《いだい》な哲学者《てつがくしゃ》。ソクラテスを主な語り手とする対話形式の著作《ちょさく》（『国家』、『饗宴《きょうえん》』など）を多く残している。

さて、過去《かこ》、現在《げんざい》と見てきたところで、もう一度、未来について考えてみよう。未来はとても大切なものだ。時間の三つの種類の中で、もしかしたらいちばん大切かもしれない。なぜならぼくらは非常《ひじょう》にしばしば未来について考えるから。

きみだけの過去と現在があるように、きみにはきみの未来がある。そこには、おどろきやさまざまな計画、思いもよらないできごと、そして望みがたっぷりつまっている。

希望、心に秘《ひ》めた夢《ゆめ》、意志《いし》。そういったものを自在《じざい》に使い、きみは現在という柵《さく》をのりこえ、未来へと進んでいく。過去に起こったできごとはどうやっても変えられないけれど、未来はまっ白な本のようなもの。その白いページにお話を書いていく

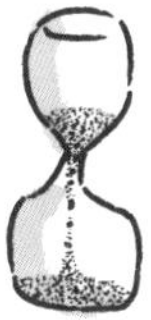

のは、きみなのだ。きみが将来《しょうらい》どんな人になるか、きみをふくめ、だれも知らない。そして、そのほうがいい。だって何でも最初からわかっていたら、あまりにたいくつだから。

大人の人生は、子どものそれにくらべると、すでに多くのことが決まっている。住む場所、職業《しょくぎょう》、もしかしたらもう自分で築《きず》いた家族もあるかもしれないし、家を買うために借金をしているかもしれない。そういったことにより、現在《げんざい》と未来の多くの部分がすでに決められてしまっている。

つまりそれは、可能性《かのうせい》を手放すということ。**何かをえらぶということは、べつの何かをあきらめることなのだ。**

ぼくの人生にも、まだまだたくさん新しいことが起こるだろ

うし、もしかしたら思いがけないすばらしい冒険《ぼうけん》が待っているかもしれない。でも可能性《かのうせい》の幅《はば》から言えば、ぼくがきみの年だったころよりずっとせばまっている。そしてその幅は年を重ねるとともにさらにせまくなっていく。

若《わか》い時は、とてつもなく広い未来が目の前に広がっている。枝《えだ》を広げ、青々としげる大きな木のような未来が。

きみはまだ、将来《しょうらい》どんな職業《しょくぎょう》につき、どこに住み、どんなくらしをし、パー

トナーや子どもをもつかどうかなど、具体的に考えたことはないかもしれない。それらはすべて、未来という大きな可能性《かのうせい》の木にふくまれている。きみはこれからそれらを生き、過《す》ごし、発見していくのだ。

いつかきみにも、人生の大切な事柄《ことがら》を決断《けつだん》する日がやってくる。そしてそれは意外と早くやってくるだろう。未来が「きみの」未来になったそのとき、きっときみは気づくだろう。時間とは単に人を束縛《そくばく》する牢獄《ろうごく》ではなく、ひとりひとりの人間がつくりあげていく、自由に満ちた空間であることを。

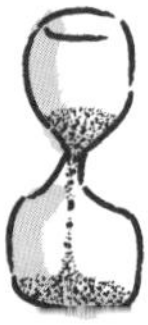

作者

クリストフ・ブトン

高等師範学校で学び、哲学の博士号をもつ。ボルドー第三大学で哲学を教える。ドイツ哲学の専門家。近代・現代の哲学史と時間について研究し、時間に関する著書も多い。

画家

ジョシエン・ギャルネール

1970年生まれ。ナンシー美術学校卒。画家、作家。『リベラシオン』『ル・モンド』といった新聞や本の世界で活躍。2008年、2009年と連続して『いちばん美しいフランスの本』賞を受賞している。パリ、ニューヨーク、リールに暮らし、現在はナンシー在住。

訳者

伏見　操（ふしみ・みさを）

1970年生まれ。英語、フランス語の翻訳をしながら、東京都に暮らす。訳者の仕事はいろいろな本や世界がのぞけるだけでなく、本づくりを通して人と出会えるのが楽しいと思っている。訳書に「トビー・ロルネス」シリーズ（岩崎書店）、『うんちっち』（あすなろ書房）、『さあ、はこをあけますよ！』（岩波書店）など。

編集協力

杉山直樹（すぎやま・なおき）

学習院大学教授。専門はフランス哲学。海辺とノラ猫を思索の友とする。

10代の哲学さんぽ　10

時間ってなに？
流れるのは時？　それともわたしたち？

2017年 2 月 28日　第 1 刷発行
2023年 12月 15日　第 5 刷発行
作者
クリストフ・ブトン
画家
ジョシェン・ギャルネール
訳者
伏見　操
発行者
小松崎敬子
発行所
株式会社 岩崎書店
〒 112-0005　東京都文京区水道 1-9-2
電話　03-3812-9131(営業)　03-3813-5526(編集)
振替　00170-5-96822
印刷
株式会社 光陽メディア
製本
株式会社 若林製本工場
NDC 100
ISBN978-4-265-07916-2　

ご意見ご感想をお寄せください。　E-mail　info@iwasakishoten.co.jp
岩崎書店ホームページ　https://www.iwasakishoten.co.jp
落丁本・乱丁本はおとりかえいたします。

10代の哲学さんぽ

全10巻

第1巻　天才のら犬、教授《きょうじゅ》といっしょに哲学《てつがく》する。
人間ってなに？

第2巻　自由ってなに？
人間はみんな自由って、ほんとう？

第3巻　なぜ世界には戦争があるんだろう。
どうして人はあらそうの？

第4巻　動物には心があるの？
人間と動物はどうちがうの？

第5巻　怪物《かいぶつ》
——わたしたちのべつの顔？

第6巻　したがう？　したがわない？
どうやって判断《はんだん》するの？

第7巻　死ってなんだろう。
死はすべての終わりなの？

第8巻　人がいじわるをする理由はなに？

第9巻　働くってどんなこと？
人はなぜ仕事をするの？

第10巻　時間ってなに？
流れるのは時？それともわたしたち？